I0457650

Los límites corporales y yo

Adrian Laurent

Derechos de autor © 2023 Adrian Laurent, Bradem Press, Nueva Zelanda, 978-1-991096-16-6 (Epub), 978-1-991096-17-3 (tapa blanda)
Todos los derechos reservados.

El contenido contenido en este libro no puede reproducirse, duplicarse o transmitirse sin el permiso directo por escrito del autor o del editor.

Bajo ninguna circunstancia se tendrá la culpa o responsabilidad legal contra el editor o el autor, por daños, reparaciones o pérdidas monetarias debido a la información contenida en este libro, ya sea directa o indirectamente.

Aviso Legal:

Este libro está protegido por derechos de autor. Es solo para uso personal. No se puede modificar, distribuir, vender, usar, citar o parafrasear ninguna parte o el contenido de este libro sin el consentimiento del autor o editor.

Aviso de Exención de Responsabilidad:

Tenga en cuenta que la información contenida en este documento es solo para fines educativos y de entretenimiento. Todo el esfuerzo se ha ejecutado para presentar información precisa, actualizada, confiable y completa. No se declaran ni implican garantías de ningún tipo. Los lectores reconocen que el autor no participa en la prestación de asesoramiento legal, financiero, médico o profesional. El contenido de este libro se ha derivado de varias fuentes. Consulte a un profesional con licencia antes de intentar cualquier técnica descrita en este libro.

Al leer este documento, el lector acepta que en ningún caso el autor es responsable de las pérdidas, directas o indirectas, que se incurran como resultado del uso de la información contenida en este documento, incluidos, entre otros, errores, omisiones o inexactitudes.

Este libro pertenece a:

El juego favorito de Abi en el colegio era la mancha. Jugaba todos los días.

Ella y sus amigos jugaban a la mancha siempre que podían y de muchas maneras diferentes.

Pero hoy, después de clase, Tommy empezó a jugar de una forma que no le gustó.

Después de atrapar a Abi, Tommy le hizo cosquillas y no se detenía.

Esto no la hizo sentir bien.

Abi sabía que no estaba bien y que las cosquillas eran demasiado.
Su corazón latía deprisa y quería escapar de las cosquillas de Tommy.
Tommy por fin se detuvo, pero Abi aún tenía sensaciones que no le gustaban.
No quiso seguir jugando y se fue a casa en su bicicleta.

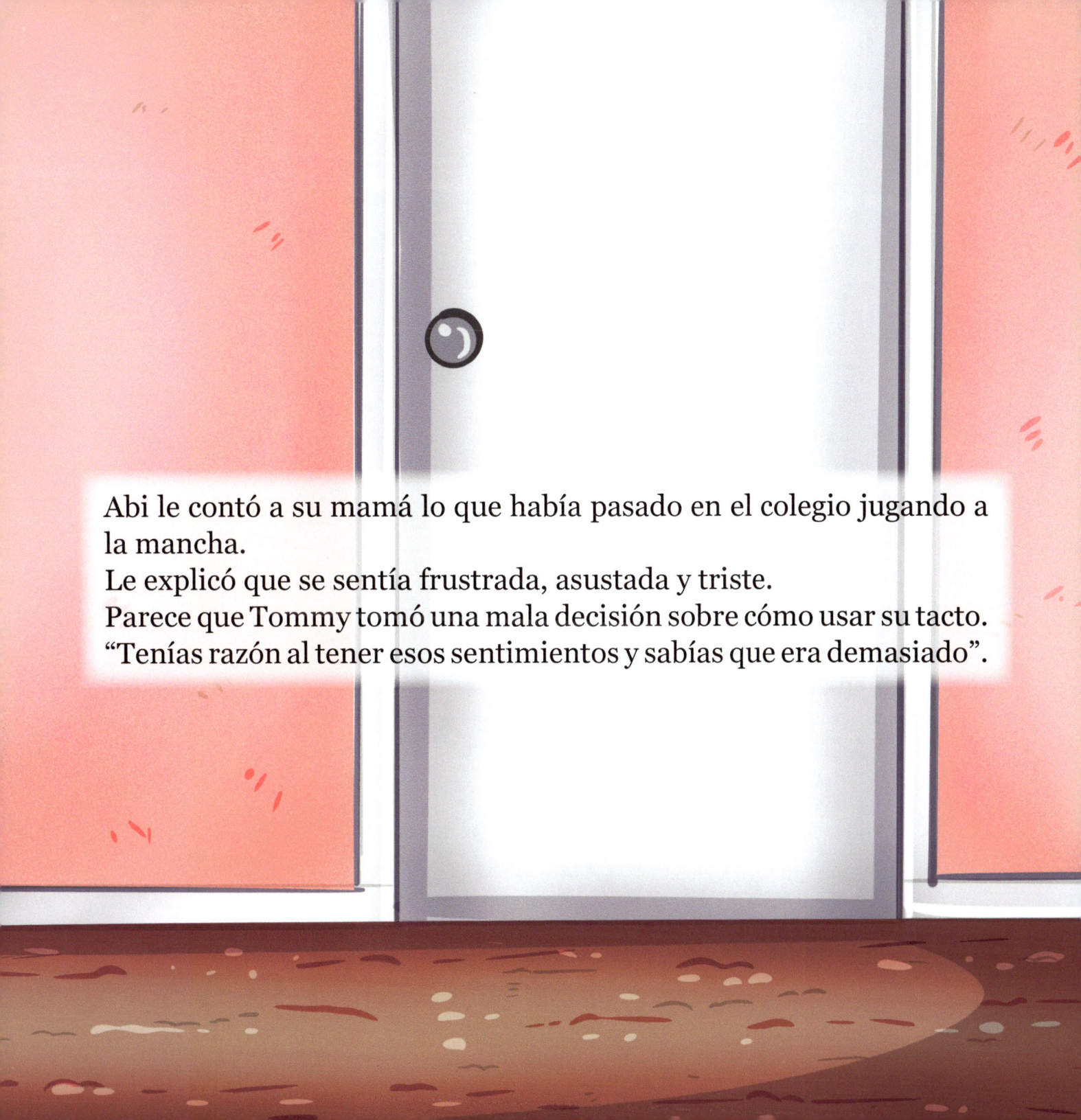

Abi le contó a su mamá lo que había pasado en el colegio jugando a la mancha.
Le explicó que se sentía frustrada, asustada y triste.
Parece que Tommy tomó una mala decisión sobre cómo usar su tacto.
"Tenías razón al tener esos sentimientos y sabías que era demasiado".

"Todos tenemos límites corporales que rodean nuestro espacio personal"

"Estos nos cubren a todos desde los dedos de los pies hasta la cara".

"Puedes dejar que la gente entre en esta burbuja corporal si así lo decides".

"Pero tu cuerpo es tuyo y tienes derecho a decir que no y negarte".

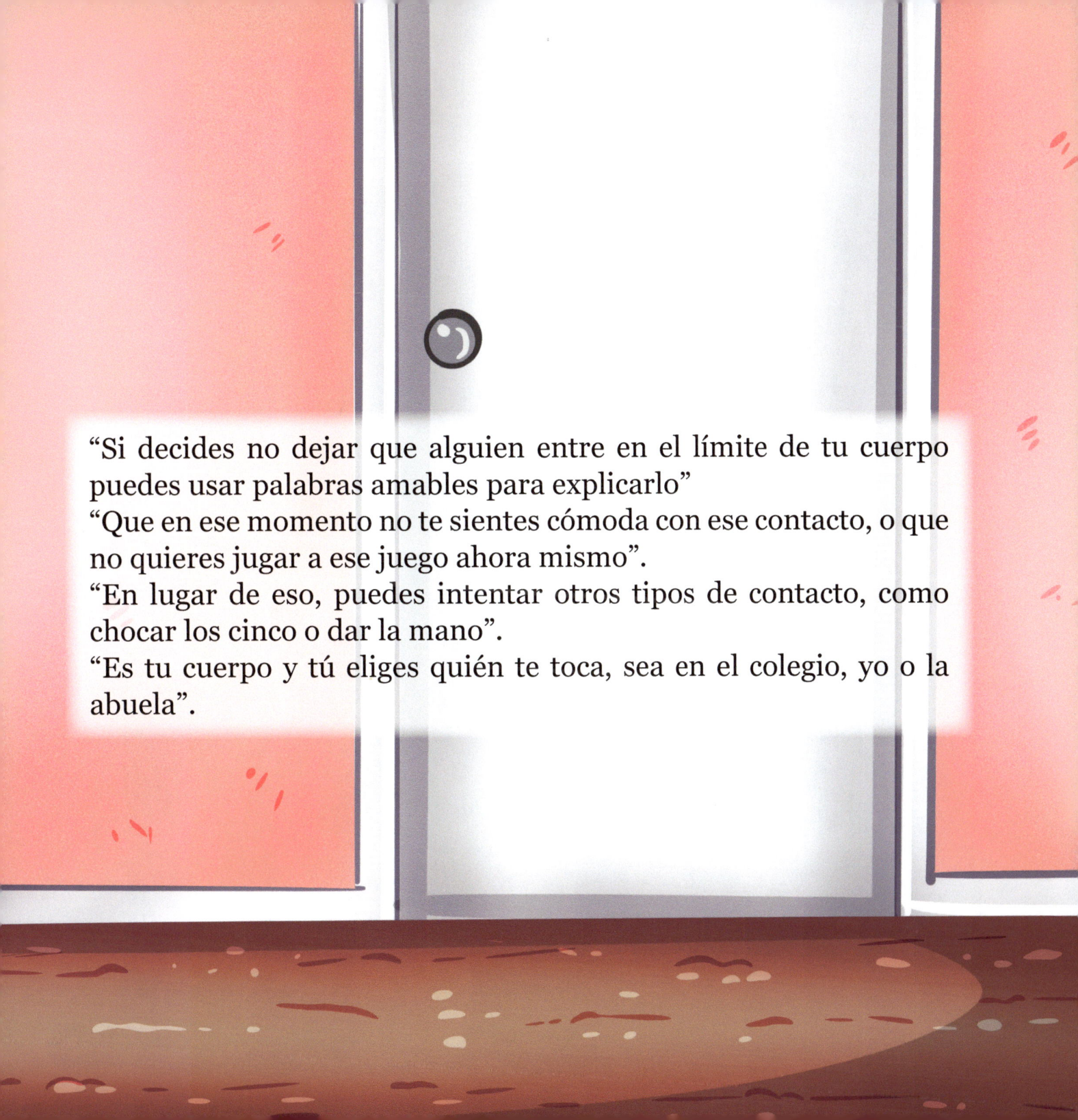

"Si decides no dejar que alguien entre en el límite de tu cuerpo puedes usar palabras amables para explicarlo"

"Que en ese momento no te sientes cómoda con ese contacto, o que no quieres jugar a ese juego ahora mismo".

"En lugar de eso, puedes intentar otros tipos de contacto, como chocar los cinco o dar la mano".

"Es tu cuerpo y tú eliges quién te toca, sea en el colegio, yo o la abuela".

"Y si se lo explicas pero no hacen caso y siguen tocándote"

"Puedes pedir ayuda a un adulto en quien confíes, como yo o tu maestra, la Sra. New"

"Estos adultos de confianza formarán tu equipo de seguridad y te ayudarán a mantenerte a salvo"

"Normalmente no nos necesitarás, pero estaremos aquí por si acaso".

"¿Qué pasa con la doctora White?" Abi preguntó: "A veces me toca".
"Tienes razón", dijo mamá "Necesitan tocarte para examinarte. Para ellos esto es clave"
"Para saber por qué estás enferma pueden presionar tu estómago".
"Pero es importante, y en el consultorio de la doctora estás con otro adulto de confianza, como mamá".

"Y también está bien decir que no a la familia y a otras personas cercanas".

"Tu cuerpo es tuyo y pase lo que pase esto siempre será así"

"Todo el mundo tiene derecho a elegir quién lo toca y puedes decir basta"

"No importa si es un desconocido o si es tu abuela o tu abuelo".

Al día siguiente, en el colegio, Abi y sus amigos jugaron a la mancha como un día normal.
Pero cuando Tommy le hizo cosquillas, Abi supo qué decir.
Las cosquillas la incomodaron así que extendió su mano.
"Basta. Eso no me gusta", dijo con palabras firmes y tranquilas, pero sin gritar.

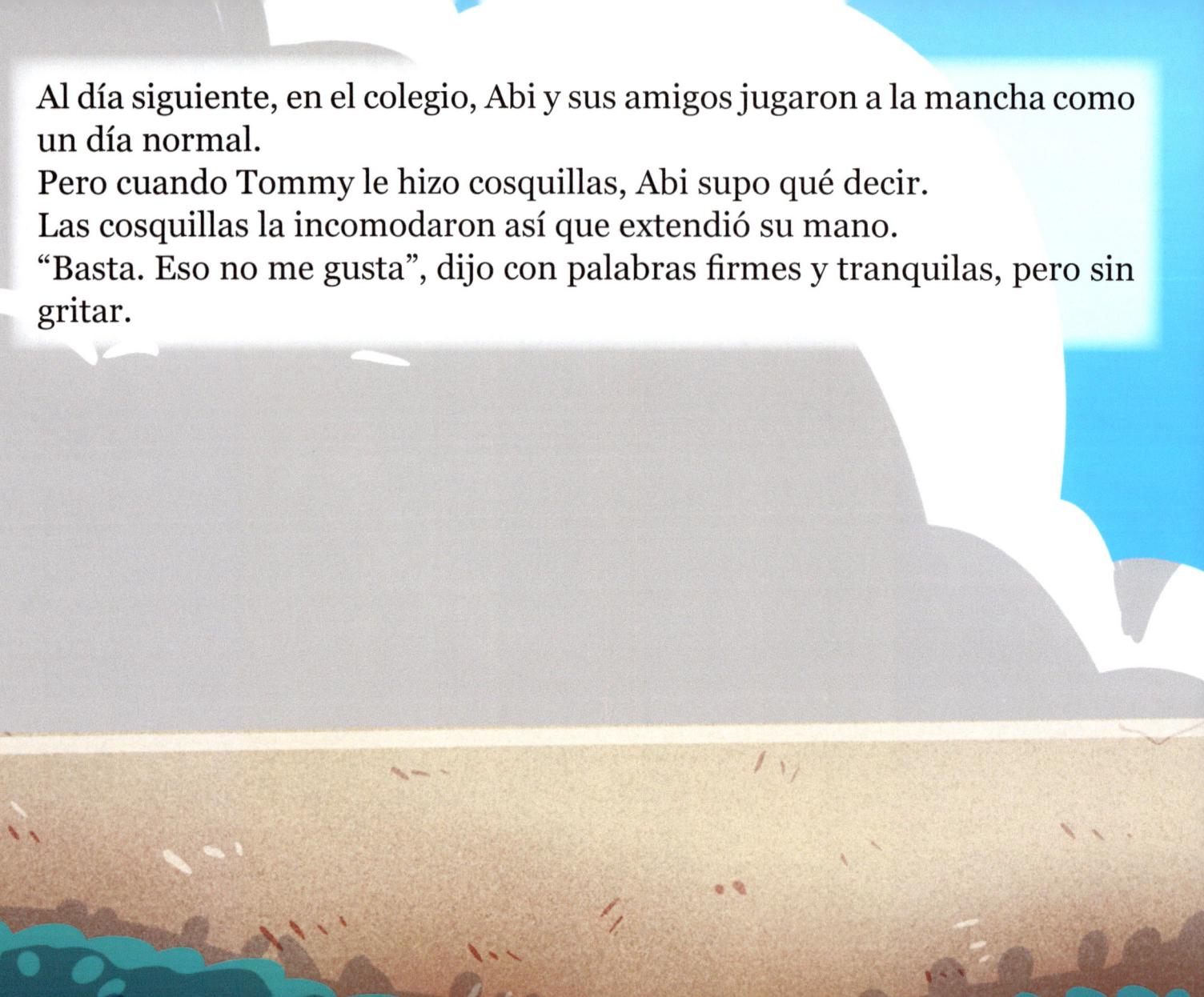

Tommy dejó de hacerle cosquillas a Abi de inmediato. "Lo siento, Abi", dijo, "sólo me estaba divirtiendo".

"No me di cuenta de que no te gustaban las cosquillas. No quiero hacerle daño a nadie".

"Lo entiendo", dijo Abi "Pero no me gustan las cosquillas. Podríamos intentar algo diferente".

"Después de marcarme, podríamos chocar los cinco".

Tommy y Abi chocaron los cinco, luego sonrieron y se rieron en voz alta Abi había sido valiente y se lo había explicado a Tommy. De eso podía estar orgullosa.

Jugaron hasta que sonó el timbre de la escuela. Todos se divirtieron mucho.

Los niños respetaron el espacio personal y eso lo hizo más divertido para todos.

Esa noche, en casa, Abi le contó a su mamá lo que había hecho ese día.
Sobre cómo explicó su espacio personal y su límite corporal
Abi se sintió segura de sí misma y de mantener su cuerpo a salvo.
Porque podemos elegir el respeto y la seguridad corporal sea como sea.

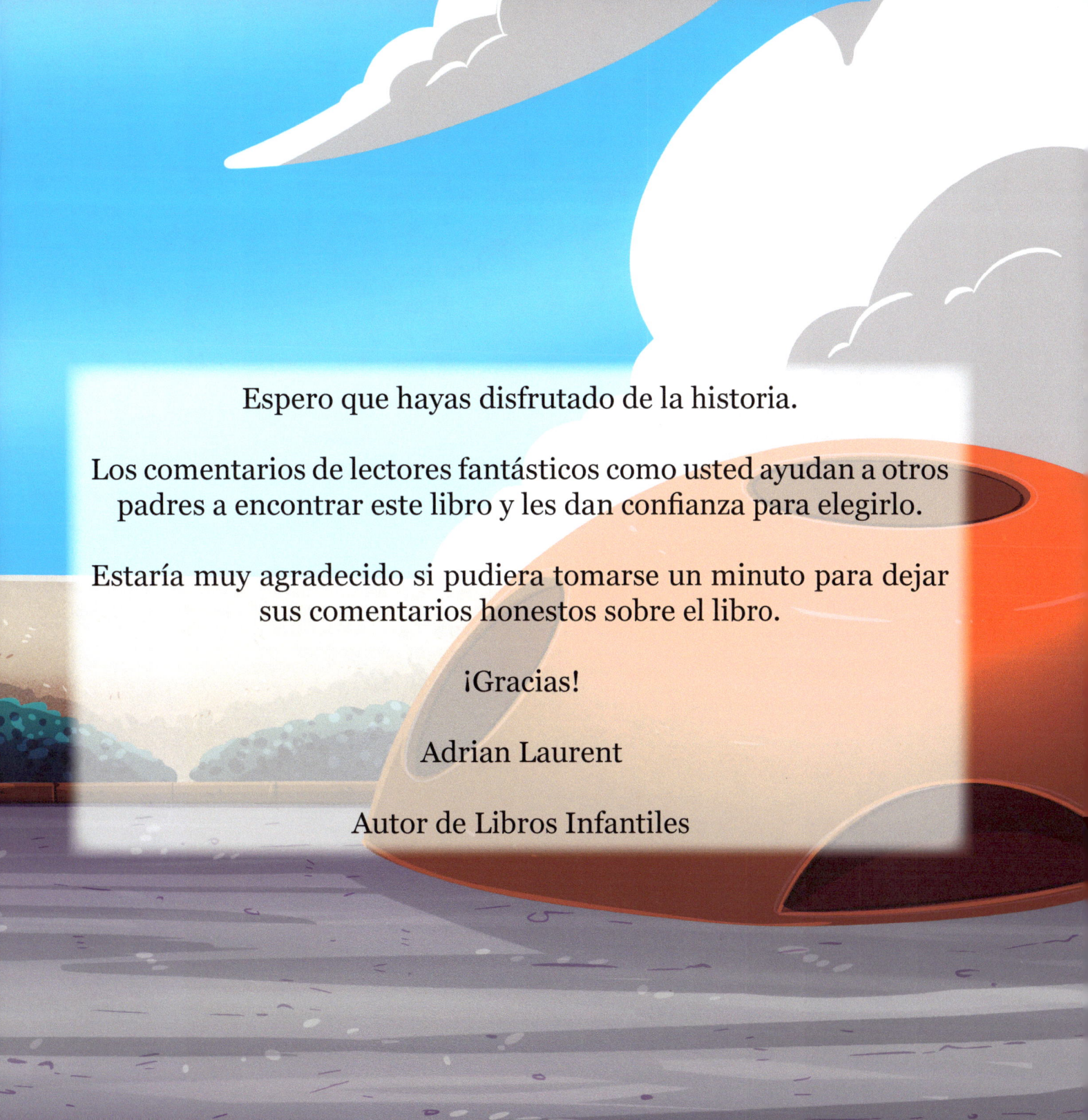

Espero que hayas disfrutado de la historia.

Los comentarios de lectores fantásticos como usted ayudan a otros padres a encontrar este libro y les dan confianza para elegirlo.

Estaría muy agradecido si pudiera tomarse un minuto para dejar sus comentarios honestos sobre el libro.

¡Gracias!

Adrian Laurent

Autor de Libros Infantiles

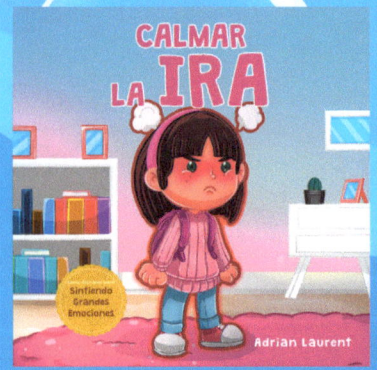

CALMAR LA **IRA**
Sintiendo Grandes Emociones
Adrian Laurent

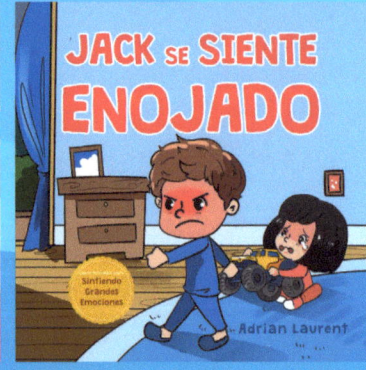

JACK SE SIENTE **ENOJADO**
Sintiendo Grandes Emociones
Adrian Laurent

CRESCITA DI UNA **MENTALITÀ SOLIDA** PER BAMBINI
Una storia su Provando Grandi Emozioni
Adrian Laurent

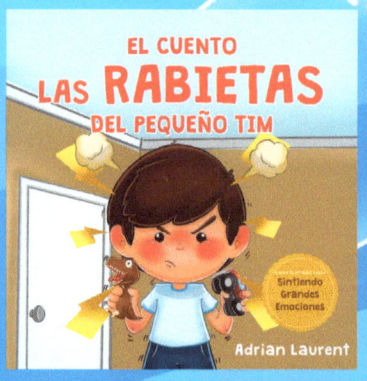

EL CUENTO **LAS RABIETAS** DEL PEQUEÑO TIM
Sintiendo Grandes Emociones
Adrian Laurent

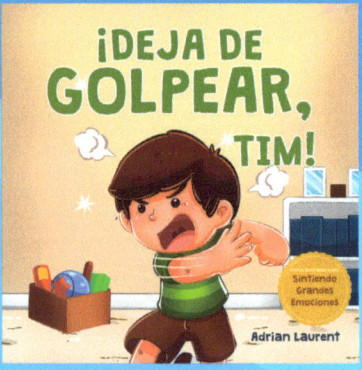

¡DEJA DE **GOLPEAR, TIM!**
Sintiendo Grandes Emociones
Adrian Laurent

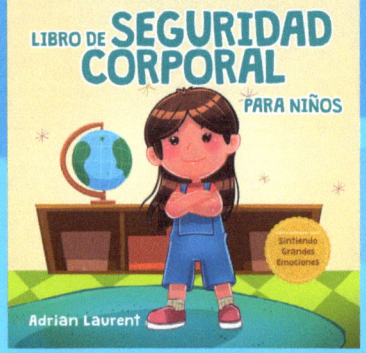

LIBRO DE **SEGURIDAD CORPORAL** PARA NIÑOS
Sintiendo Grandes Emociones
Adrian Laurent

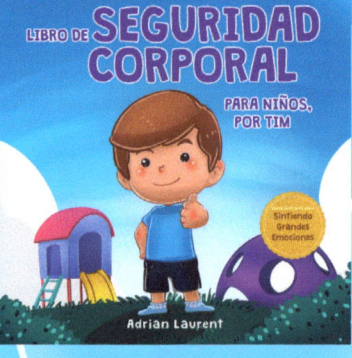

LIBRO DE **SEGURIDAD CORPORAL** PARA NIÑOS, POR TIM
Sintiendo Grandes Emociones
Adrian Laurent

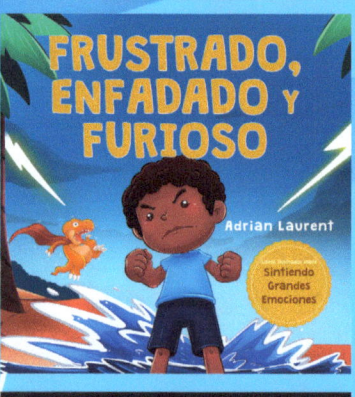

FRUSTRADO, ENFADADO Y FURIOSO
Adrian Laurent
Sintiendo Grandes Emociones

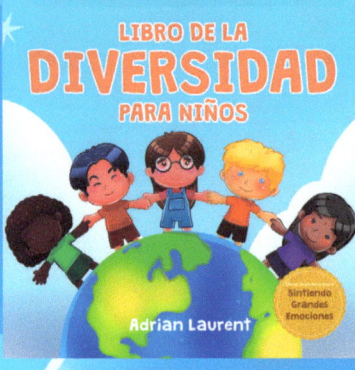

LIBRO DE LA **DIVERSIDAD** PARA NIÑOS
Sintiendo Grandes Emociones
Adrian Laurent

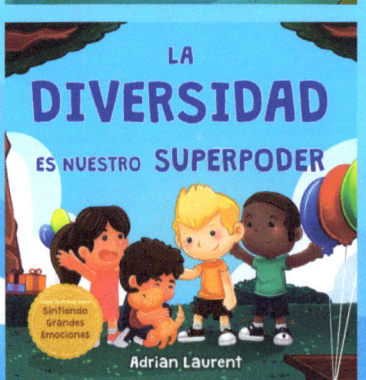

LA **DIVERSIDAD** ES NUESTRO **SUPERPODER**
Sintiendo Grandes Emociones
Adrian Laurent

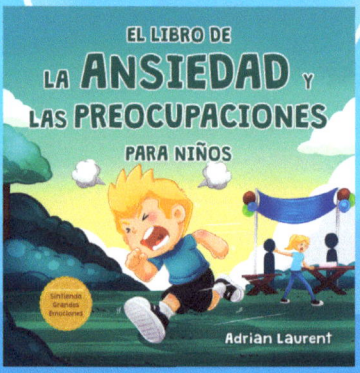

EL LIBRO DE **LA ANSIEDAD Y LAS PREOCUPACIONES** PARA NIÑOS
Sintiendo Grandes Emociones
Adrian Laurent

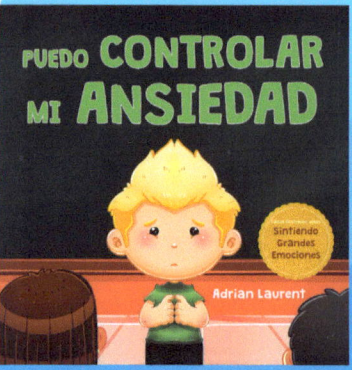

PUEDO **CONTROLAR** MI **ANSIEDAD**
Sintiendo Grandes Emociones
Adrian Laurent

I CONFINI DEL **CORPO** E ME
Una storia su Provando Grandi Emozioni
Adrian Laurent

Colecciónalos todos

www.ingramcontent.com/pod-product-compliance
Lightning Source LLC
Chambersburg PA
CBHW041601120626
46551CB00002B/282